·ÉDITIONS DE LA PAIX·

our la beauté des mots et des différences

Hélène Desgranges

LE GIVRÉ

HISTOIRES DE NOËL

·ÉDITIONS DE LA PAIX·

Illustration de la couverture:
Francine Vachon

© Éditions de la Paix
Dépôt légal : 3e trimestre 1990
Bibliothèque nationale du Québec
Bibliothèque nationale du Canada

Desgranges, Hélène

    Le givré

    Sous-titre de la couv. : Histoires de Noël.

    ISBN   2-921255-02-2

    I. Titre.

PS8557 . E83G54 1990   C843' .54   C90-096656-4

PS9557 . E83G54 1990

PQ3919 . 2 . D47G54 1990

ISBN: 2-921255-02-2

Au Givré
qui m'a permis
d'y croire et à vous
qui l'accueillez.

LE GIVRÉ

Le Givré est l'histoire d'un enfant retardé mentalement. Un enfant rejeté par une société impitoyable. Un enfant qui pourrait être le vôtre. En fait, c'est l'enfant de tout le monde... mais l'ami de personne.

(1er prix du journal LA PAROLE de Drummondville en 1989.)

Je me remets à gratter les fenêtres de l'autobus. À chaque soir, il faut que je reprenne mon travail depuis le début. Les travailleurs ordinaires, eux, peuvent laisser leur ouvrage inachevé à n'importe quel moment et quand ils reviennent par la suite, rien n'a été dérangé.

Pour moi, c'est différent. Depuis que je suis tout petit, je vais toujours à l'école en autobus. Quand c'est l'été, je regarde les champs et les animaux qui broutent l'herbe, mais quand c'est l'hiver, le verglas m'empêche de voir le paysage. À chaque matin, quand j'entre dans l'autobus, je vais m'installer dans le sixième banc, celui qui a une bosse sur le plancher. Je gratte continuellement le givre de la vitre, mais le soir quand je reprends l'autobus, ce foutu gel est toujours revenu et, surtout, il est encore plus difficile à enlever.

Je n'aime pas l'école. Je suis handicapé mentalement comme le disent les grands. Mais dans ma tête, c'est beaucoup plus simple. Je suis mongolien. Il faut dire que dans ma tête tout est toujours plus simple... C'est pour ça que je gratte toujours les fenêtres. Dans mon autobus, je suis le seul à être arriéré. Les grands me fuient comme la peste. Pourtant, ils sont supposés être beaucoup plus intelligents. Ça semble pas être leur cas à tous, ces grands étudiants. Je me demande pourquoi ils ne débarquent pas à la même école que moi. On apprend beaucoup mieux dans mon école à moi. Les gens disent que c'est une école de fous. Moi, je crois plutôt que les gens sont méchants.

- Tasse-toé de là, l'innocent!

Ça y est! C'est pareil à chaque fois qu'il n'y a plus de place dans l'autobus. C'est toujours moi qui dois aller m'asseoir ailleurs. Mais comme il n'y a pas de place nulle part, il faut que je reste debout en attendant le moment où un banc se videra. Ça prend du temps et pendant ce temps, ma vitre va se regivrer.

Présentement, je suis blotti contre la porte arrière de l'autobus. Cette vitre-là aussi est glacée. Du bout de mes doigts, je fais fondre le givre. Je n'ose pas gratter pour que les grands ne rient pas de moi. Des fois, j'aimerais tellement ça les faire fondre eux aussi! J'aurais juste à presser un peu mon doigt sur leur nez et... oups! ils disparaîtraient sous la chaleur de mon corps... comme les flocons...

Tiens, il est presque cinq heures et le ciel est déjà tout sombre. C'est le dernier soir que je prends l'autobus. Demain et pendant deux semaines, il y a congé d'école pour tout le monde, les fous comme les intelligents...! C'est Noël!

Moi, j'ai pas envie de fêter Noël. Pour moi, c'est toujours pareil: le Père Noël n'a pas pu venir à cause de la cheminée. C'est certain, on n'a pas de cheminée chez nous!... Malgré tout, même si mon cerveau fonctionne au ralenti, je sais très bien qu'ils mentent, les grands. Que le Père Noël n'existe pas pour vrai. Ils en parlent souvent, mais ils ne pensent qu'aux cadeaux qu'ils vont recevoir. Pour moi, les affaires matérielles et l'argent, ça n'a pas d'importance. Moi, à mon école, on nous apprend beaucoup plus que l'importance des cadeaux. On nous apprend l'amour et Jésus. Des fois, on dirait que les grands étudiants ont oublié Jésus. Ils ne parlent jamais de lui. Pourtant, s'ils ont des cadeaux à Noël, c'est un peu à cause de lui...

Plus je pense à tout ça, plus je suis mélangé dans ma tête. J'ai pas envie de débarquer chez moi. J'aimerais ça, moi aussi, avoir des amis où je pourrais aller jouer après l'école. Mais... Ces grands... c'est pas assez intelligent pour comprendre que t'as besoin d'eux. Ils vont toujours vers les mêmes personnes et ces personnes-là, elles en ont déjà des tonnes d'amis!

Moi, je suis tout seul. Y en n'a pas d'autres enfants qui viennent me voir pour jouer avec moi. Des fois, je pleure parce que je m'ennuie... parce que je n'ai pas personne avec qui parler. Ces fois-là, je rêve que Jésus naît dans la grotte que mes parents mettent sous le sapin de Noël à chaque année. Mais le Jésus dans cette grotte-là, il est en plastique bon marché et, en plus, il ne parle pas.

Tiens... le chauffeur de l'autobus me fait un signe: nous arriverons bientôt à ma maison. Je remets mes mitaines et ma tuque, je regarde une dernière fois le givre et j'avance dans l'allée jusqu'au devant de l'autobus. Le chauffeur me regarde venir dans son miroir. Tout en réduisant la vitesse, il me fait signe de m'asseoir dans le premier banc derrière lui. Écoutant, je m'assois donc et j'en profite pour sentir la glace sur ma peau. Malheureusement, la sensation du givre ne m'apporte pas autant de plaisir qu'à l'habitude parce que ma mitaine ne laisse pas passer tout le froid.

L'autobus est arrêté. Je suis presque le dernier à le quitter. Les autres enfants ne s'intéressent même pas au manège du chauffeur. Puis, comme pour satisfaire ma curiosité, le vieux conducteur sort de sa poche un petit Jésus en porcelaine. C'est un bibelot fragile et attachant.

Je ne sais pas trop si je dois le prendre. Voyant mon hésitation, le chauffeur prend mon poignet entre ses gros doigts poilus et sales et dépose le petit Jésus au fond de ma main. Au moment où la paroi du bibelot touche le creux de ma main, tout devient magique. Une lueur brillante éclaire tout mon corps. La porcelaine produit sur moi le même effet que le givre. Quand je caressais les parois froides et douces des vitres en oubliant le reste du monde, les grands étudiants me regardaient sans rien comprendre. Maintenant, transis, ils restent bouche bée devant cette auréole de scintillements qui éclaire mon corps. Le chauffeur me regarde en souriant. Il vient de me donner son meilleur ami, celui qui, au même âge que moi, lui avait permis de casser la solitude qui l'entourait. Sans m'avoir parlé, je comprends alors pourquoi le chauffeur d'autobus ne parlait jamais... Lorsqu'il était petit comme moi, on le disait lui aussi retardé mentalement. Les gens le mettaient de côté et il n'avait pas d'amis. Quelqu'un lui avait donné ce petit Jésus et depuis ce jour, il n'avait plus ressenti le besoin d'avoir d'autres amis. Son ami, il l'avait trouvé en ce petit Jésus en porcelaine et, éclairé par le même éclat que moi, il avait cessé de gratter le givre des fenêtres. De plus, j'apprends un autre secret. Celui-là, je ne le dirai qu'à vous, car les gens trop intelligents, eux, ils ne peuvent pas comprendre cela.

À tous les Noëls, plein de petits enfants solitaires comme moi serrent leur petit Jésus contre leur coeur et quand la porcelaine devient toute chaude, quand la sensation de froideur givrée disparaît, le petit Jésus en porcelaine prend vie et toute l'année d'après, l'enfant n'est plus jamais seul.

Depuis cette découverte, je me sens très intelligent et plus jamais je ne me sens triste. C'est depuis ce jour-là aussi que j'ai décidé que quand je serai grand, je serai chauffeur d'autobus moi aussi. Et si jamais je rencontre un enfant gratteur de givre, je lui donnerai mon petit Jésus pour que le soir de Noël... il n'y ait plus une seule vitre givrée dans sa vie.

À VOUS DE DEVINER

On est tous assis devant le foyer à jacasser et à se poser des questions. Dans la famille, il y a Luc, un grand bonhomme de plus d'un mètre, Karine, toute petite mais assez grassette pour ses cinq ans et moi, sept ans et demi. Pour finir, Marie, la plus jeune de nous tous et la plus naïve aussi. À Marie, on peut tout demander, et même si elle accepte toujours de nous servir de cobaye, les expériences qu'on lui fait vivre finissent presque toujours par la faire pleurer.

Ce soir, au lieu de jouer et d'embêter nos parents, on a décidé d'attendre le Père Noël. Maman nous a raconté une histoire enchantée avec plein de lutins, de jouets et surtout avec un beau Père Noël. Dans l'histoire, on a appris comment il réussit à déposer nos cadeaux sous notre arbre alors que toutes les portes de la maison sont barrées. Et sur le ton de la confidence mystérieuse, elle a précisé:

- Il passe par la cheminée!... Inutile de vous dire qu'on a été extrêmement étonné devant une telle déclaration.

- Par la cheminée?!... Imagine, moi, j'suis pas énorme pis j'pense que j'serais jamais capable de passer par là... J'suis sûr que le Père Noël, avec sa grosse bedaine, y é pas capable de faire ça lui non plus...

En tout cas, nous voilà tous les quatre enfants à examiner la cheminée puis à essayer de nous convaincre que quelqu'un peut descendre par là. Soudain, Luc se lève, s'accroupit tout en s'étirant le cou pour voir l'intérieur du foyer.

- Ben, si ça passe pas, y a quand même de la lumière, dit-il en criant comme si on était très loin.

Luc, n'aurait jamais dû dire cela

parce que, curieux comme on l'est dans la famille, on se *garroche* tous sur lui pour voir le trou à notre tour. À quatre pattes devant le foyer, la tête à l'intérieur et nos fesses rondes qui dépassent, on observe en silence. Tout à coup, c'est Luc qui crie:

- Ayoye! Tu m'as pilé sur la main!

- C'est pas moi, répond Karine, c'est Marie!

Luc, fâché, tire rudement une mèche de cheveux de la petite Marie qui se répand en larmes et en cris stridents.

- Mais qu'est-ce que vous faites tous là? demande ma mère en arrivant.

Au début, je ne savais pas pourquoi, mais quand on s'est tourné vers elle, sa bouche est devenue aussi grande que celle d'un dragon, ses yeux sont sortis de sa tête comme ceux d'un poisson, et j'ai pensé que ses cheveux se dresseraient dans les airs tellement elle était surprise. Je ne comprends qu'au moment où je vois mes frères et soeurs. Tous les quatre, on n'a plus la peau blanche et propre: elle est toute noire et pleine de suie! Mais le plus drôle, c'est Karine. Son visage est tout noir avec deux ronds blancs autour des yeux à cause de ses lunettes.

Elle est tellement drôle que Luc et moi, abandonnant Marie qui pleure toujours, on se jette par terre et on rit comme de vrais petits fous. Karine qui a mauvais caractère, insultée, se frotte les mains dans les cendres jusqu'à ce qu'elles deviennent noires et elle nous barbouille tout le reste du visage qui n'était pas déjà sale.

Finalement, j'pense qu'elle n'aurait jamais dû faire ça, parce que là, ma mère s'est vraiment fâchée.

- Tous les quatre, dans la salle de bain pis ensuite dans votre lit! Et ça presse! qu'elle nous crie.

Marie pleure encore plus. Karine a les bras croisés sur la poitrine et une moue aux lèvres. Y a juste Luc puis moi qui restons tranquillement debout devant notre mère.

- C'est la même chose pour vous deux, les gars, allez!...

N'étant pas très content de Luc, je l'accuse avec un regard de défi:

- C'est de ta faute!

- C'est pas moi, c'est Karine qui a mis son genou sur mes doigts, se défend Luc.

- Ben là, ça va faire! crie Karine. C'est même pas moi, c'est Marie!

Vous devinez la suite?

- Bououiouh!!!

Y a Marie qui pleure plus fort. Puis y a ma mère qui nous tire, Karine et moi, chacun par une oreille. Les deux autres ont vite compris et ils obéissent.

Après être passé au lavage, chacun de nous se retrouve dans son lit, bordé mais terriblement déçu. Avant que maman éteigne la lampe et quitte la chambre, je tente encore:

- M'man, si y faut qu'on reste couché, on pourra pas voir le Père Noël... et on te croira jamais... parce que nous autres, on pense que c'est juste des menteries c'que t'as dit. Ça s'peut pas que quelqu'un de gros comme le Père Noël passe par un aussi petit trou.

- Vous aviez la chance de le voir et vous avez tout raté par votre faute! Maintenant, il est trop tard. Couchez-vous pis dormez!

Marie pleure encore... encore et encore! Je ne l'entends même plus mais je sais qu'elle pleure, parce que Marie... elle pleure toujours. Même dans mon rêve, je ne sais pas pourquoi, mais elle pleurait là aussi.

J'sais pas où est-ce qu'on était, mais y avait plein de cheminées partout et on voyait tout ça de haut.

- Ben, voyons, où est-ce qu'on est?...

- Notre travail va bientôt commencer, les enfants.

Hein??? Le Père Noël?... Ça s'peut pas! On est dans son traîneau, Luc, Karine, moi pis Marie qui pleure de peur!...

- C'est gentil d'vouloir m'aider à distribuer les cadeaux cette année. D'habitude, c'est mes petits lutins qui viennent en traîneau avec moi. Ils descendent par la cheminée à ma place puis ils vont me débarrer la porte de la maison parce que moi, j'suis trop gros pour descendre par là.

- Pourquoi vous avez besoin de nous cette année? demande Luc au Père Noël.

- Parce que mes p'tits lutins, ils font la grève cette année. Ils veulent être payés pour leur travail. Tant qu'ils n'auront pas de salaire, ils refuseront de m'aider. Mais j'peux pas les payer, le gouvernement ne me donne pas d'argent à moi.

- Faut-tu qu'on passe par les cheminées nous autres aussi? demande

Karine alors que le traîneau se pose sur une toiture de maison.

- C'était pas votre rêve? demande le Père Noël.

Il n'attend pas qu'on réponde et nous distribue à tous une corde puis une lampe de poche. Il nous enseigne comment faire pour descendre sans se faire mal... et nous voilà à l'oeuvre.

Il y a juste Marie qui reste dans le traîneau et qui pleure.

Une fois notre travail terminé, le Père Noël nous ramène chez nous. On descend par la cheminée et on court vite ouvrir la porte au Père Noël qui, en tenant sa poche de cadeaux sur l'épaule, emporte Marie dans ses bras.

Puis, fatigué, on retourne vite se coucher et on s'endort. Le lendemain matin, quand maman vient nous réveiller, je me demande si c'est un rêve que j'ai fait ou si ça s'est vraiment passé. Chose certaine, c'est que tous les quatre, on a fait le même rêve et que

Marie en a encore les yeux rougis par les pleurs.

Fiction ou réalité? À vous de deviner.

À LA MESURE DE L'IRRÉEL

C'est un cri! lancé par un tout jeune enfant. Je l'ai écrit à l'âge de quatorze ans, mais dans mon coeur je n'avais que cinq ans.
(1ᵉʳ prix, LA TERRE DE CHEZ NOUS, 24 décembre 1987)

"Ce soir, j'y serai... j'irai à sa rencontre... je le découvrirai pour la première fois et je le baptiserai avec mon imagination. À partir de cette nuit, il sera mien et rien ne m'en séparera! Pas même le jour!..." songe l'enfant de cinq ans.

Ce qu'il cherche, c'est... son monde! Ce monde imaginaire propre à chaque enfant. Depuis plusieurs nuits, il essaie de l'atteindre sans jamais y parvenir. Ce soir, il espère y arriver, mais il craint sans cesse son pire ennemi: le jour. Il le rattrape lorsque l'enfant est sur le point de réussir.

"Ça y est! C'est le grand jour! Je le reconnais parfaitement. Il n'y a aucun doute... depuis les soirs que je passe à l'imaginer à ma façon. Il m'ouvre enfin ses portes! Ce monde est si réel, si accueillant! C'est vraiment celui que j'espérais. C'est un monde où la normale devient ridicule, où le ciel et l'enfer se réunissent chaque nuit. La lune bleue me guide et les étoiles flamboyantes éclairent mon chemin. C'est si beau!... Ce chemin de nuages sous mes pas, c'est lui qui me guidera dans ma ville, ce seul endroit qui peut me guérir... Je le sais, moi, que je peux mourir cette nuit autant que dans dix ans, mais chose certaine, la vie pour moi, ça ne m'a jamais beaucoup inquiété.

Ça n'existe pas un savant qui peut me guérir. Ma maladie, c'est la mort sous une forme très vilaine: la leucémie. Les sorciers qui m'ont cloué sur le lit où je suis, ils croient que je ne sais rien... qu'à cinq ans on n'est pas assez grand pour comprendre que l'on peut mourir à n'importe quel moment, que la vie n'est qu'un cadeau... Mais je comprends peut-être mieux qu'eux tous. Y a personne qui peut me guérir. Même pas le Père Noël! Quand je lui ai envoyé une lettre en lui demandant ce qu'on appelle un miracle, il m'a fait comprendre que ni lui, ni sa fée et encore moins ses lutins n'étaient capables de me guérir. À quoi ça sert un Père Noël alors?

Dans ma ville, on n'aura pas besoin d'être adulte pour être Père Noël, car si j'attends d'être adulte pour pouvoir devenir celui que j'admire tant, il y a de bonnes chances que je sois bien déçu! Mes camarades de classe disent que c'est le Père Noël et ses lutins qui fabriquent les jouets que l'on reçoit à Noël. Ils ont raison, mais moi cette année, je n'ai aucune envie d'un cadeau matériel, car tous les jouets que mes amis désirent, je les ai. Ce que j'ai osé demander, je le sais, est plus que matériel, coûte plus cher que tout, mais c'est le plus beau cadeau qu'on pourrait m'offrir: une espérance de vie normale.

Le Père Noël m'a dit que seul Dieu pouvait m'aider, que c'est dans une prière et non dans une lettre que je devais exprimer mon désir. Puis il me disait aussi de rester sage toutes les années à venir... Ça en fait combien ça? Ça fait très longtemps que je prie Dieu et le petit Jésus. À chaque Noël, je les remercie de m'avoir fait vivre une autre année. Mais j'en suis certain, c'est dans mon monde que je trouverai le remède... et que je découvrirai aussi mes plus belles nuits."

Et ce rêve tant souhaité se termina sur les douze coups de minuit, à la naissance du Christ et le décès d'un jeune leucémique de cinq ans... C'est dans son monde qu'il est resté et c'est à l'image de ce monde qu'il a aussi modelé son paradis. Car ce pays tant recherché ne pouvait être autre que l'endroit où il trouverait sa liberté, sans misère et sans maladie... À ce Noël, il ne pourra remercier Dieu et le petit Jésus de l'avoir laissé vivre une autre année, mais il fera mieux, il les remerciera de l'avoir délivré de sa souffrance.

LA MORT EN BOUTEILLE

Personne n'a eu le temps de réagir et tout est arrivé. Papa, après avoir trop bu, a insisté pour conduire l'auto en se prétendant toujours apte à le faire. Ne voulant pas le provoquer, maman a cédé en espérant que la chance nous protégerait.

Nous étions à l'aube d'un 25 décembre où, heureusement, les rues éclairées par petits faisceaux n'étaient pas glacées. Par contre, les automobilistes semblaient s'être donné rendez-vous sur cette route d'ordinaire peu achalandée. Papa conduisait à une vitesse normale. Peut-être avait-il raison de croire ses facultés intactes, me disais-je. Maman s'était endormie au creux de sa banquette et moi je réfléchissais. Beaucoup d'amis m'ont souvent dit que je pense trop. Moi, je crois qu'il est préférable de faire travailler son cerveau constamment pour le tenir en alerte plutôt que le réveiller seulement à l'occasion. Il lui faut alors un plus grand effort pour répondre aux demandes.

J'allais fermer les yeux pour mieux réfléchir lorsque soudain, j'aperçus une autre automobile surgissant de nulle part se diriger droit sur nous. Papa, se rendant compte de ce qui allait se produire, donna un coup au volant vers la droite, mais c'était déjà trop tard. L'automobile venait d'enfoncer le côté gauche de notre voiture qui perdit l'équilibre et chavira dans le fossé. Entre la portière défoncée et son siège, maman resta coïncée.

L'horreur de ce 25 décembre demeure gravée en ma mémoire: maman, criant et pleurant, papa, sans vie à ses côtés et moi, indemne mais en état de choc.

J'ai réussi à sortir du véhicule par la fenêtre arrière qui avait éclaté dans tous les sens et j'ai couru vers l'autre voiture où j'ai trouvé un homme le crâne écrasé. Mon âme ne tenait plus en moi, mon coeur s'affolait et luttait contre ma vie. La route, vue de mes propres yeux, semblait brouillée par la course folle des autres autos. Pleurant, impuissant, j'ai été tiré de ma torpeur par la sirène d'une ambulance qui roulait vers moi. Impuissante tout comme moi, mais au moins rapide.

La nuit a été longue et silencieuse. La lune avait cessé d'éclairer; les étoiles de briller. Seul le sang de mes parents faisait tache sur la chaussée. Ils ne furent pas conduits à l'hôpital: leur rendez-vous était à la morgue.

Aujourd'hui, quel beau cadeau je reçois!... En déballant un de mes présents devant mes oncles réunis, ils m'offrent... ma première bouteille de boisson "...qui fera de toi un homme!..." dit la carte d'accompagnement. Quelle horreur!... D'un geste colérique et vengeur, je serre les poings et prends cette bouteille froide comme la mort pour la lancer contre le mur du salon... au milieu de notre portrait de famille qui se brise en me séparant à nouveau de mes parents.

Cette boisson a tout détruit de ma vie. Cette boisson est un enfer dans lequel l'homme se jette pour oublier le mal qu'il fait. À lui-même et aux autres. Cette boisson est une mort que tant de gens savourent sans réfléchir. Je la déteste. Elle m'a tout enlevé. Tout! jusqu'à la moindre parcelle d'amour qui me restait.

La voilà maintenant qui dégouline sur le mur, souillant le foyer dont elle avait détruit les habitants. Elle me rappelle encore que c'est une lutte à finir entre elle et moi. Il n'y aura qu'un vainqueur... et je jure que ce sera moi!

HOMMAGE À NATHALIE

Elle avait assurément le rôle le plus difficile de notre pièce de théâtre. Et le plus dramatique aussi. Après à peine un mois de pratique, on sentait déjà son professionnalisme. Pure adolescente, elle n'avait que quatorze ans, et déjà minée par le travail! Ambitieuse et patiente, je ne me surprenais plus de la voir répéter son rôle dans les corridors ou encore pendant ses cours libres à l'école.

Elle s'appelait Nathalie. Elle n'avait rien de particulier à l'extérieur sinon son crâne nu qu'elle avait appris à accepter tel quel. Parfois, quelques cheveux apparaissaient. Si peu. Tellement peu que lorsqu'elle se présenta à la pièce de théâtre vêtue en vieille dame comme il était prévu, je ne la reconnus pas sous sa perruque. Ça la changeait tellement!

Nathalie semblait très douée pour jouer son rôle, celui de cette vieille dame conservatrice qui devait témoigner devant la cour pour accuser le Père Noël. Elle ne savait même pas si elle allait se rendre jusque là!... À peine quatorze ans et une espérance de vie comparable à celle de son très vieux personnage...

CANCER avaient diagnostiqué les médecins. Aucune issue. Aucun espoir. Dès sa naissance, il était déjà trop tard pour elle. Elle s'acharna à faire de sa vie un paradis à ciel ouvert. D'arrache-pied, elle vécut!

Maintenant, elle se préparait à crier au grand public: "Moi, j'ai décidé de visiter mes parents et amis à Noël et de leur offrir tout mon amour en cadeau."

À Noël, Nathalie allait sûrement faire la même chose que son personnage parce que de l'amour, elle en avait beaucoup à donner autour d'elle...

Mais des Noëls, il ne lui en restait plus beaucoup.

Si seulement elle avait su quand! Oui, à quel moment allait-elle partir?... Pas mourir, elle détestait ce mot. Plutôt partir pour un paradis sans maladie. Pour grandir encore.

Peu de temps avant Noël, elle semblait découragée parce qu'elle sentait son personnage mal interprété. Sa vieille dame toute gaie était devenue morose et vide. Que se passait-il?...

Je ne compris que plus tard, en fait quand on apprit que son père, un homme très respecté et assez connu, avait été déclaré cancéreux lui aussi. Nathalie savait qu'il partirait mais quand? Quand? là était la malheureuse question.

La pièce fut jouée. Malgré tout, Nathalie rendit bien son rôle et m'avoua enfin la cause de cette lassitude qui l'avait tant affligée pendant les répétitions. Ce n'était pas seulement à cause de la maladie de son père, non...

- J'ai perdu une amie. La seule véritable que j'avais...

La solitude, voilà ce qui la troublait tant. Mais c'était aussi parce que Nathalie se rendait compte qu'elle avait abusé de l'amitié de sa copine. Remettant tout sur la faute de sa maladie, Nathalie avait rendu son amie responsable de tout, même d'elle. Et cette dernière, écrasée par ce poids trop lourd, et voulant vivre une vie pleine de santé dont elle n'était pas privée, elle!... s'en était éloignée.

Cela ne dura pas longtemps. Les représentations de la pièce achevées, les deux copines se retrouvèrent. Cette fois, ce n'était plus à son amie de consoler Nathalie. Elles se rendirent tout simplement compte toutes deux qu'elles seraient bientôt séparées à jamais.

Puis il se passa un an. Nathalie

avait quitté l'école un peu avant la fin de l'année scolaire. Son père était décédé une nuit, la nuit où elle et moi, nous nous étions perdues à Montréal lors d'un voyage organisé par l'école. Toute la journée, nous avions bien ri, mais le soir, son rire s'était éteint à jamais et son ambition aussi. Son père était parti sans elle: il fallait qu'elle le rejoigne.

Dès lors, elle refusa tout traitement et elle se laissa périr à petit feu. La maladie la rongea. On ne savait plus si elle se rendrait à l'autre Noël. En fait, il en restait combien de Noëls à s'inquiéter?

Elle passa outre à la fatigue des Fêtes et surprit tout le monde par ses JOYEUX NOËL!... un peu trop "joyeux" qui firent penser à tous que c'était peut-être son dernier Noël. Elle s'accrocha jusqu'à aujourd'hui, ce 2 mars 1990 à 8 heures du matin... Je ne l'avais pas revue depuis l'été. J'avais pourtant promis de la revoir. Mais... il est trop tard avant même qu'il soit trop tôt.

Nathalie vient de mourir laissant derrière elle une marque tangible de courage et de persévérance. Elle laisse aussi une mère et une jeune soeur exténuées. A-t-elle oublié sur terre l'amie qui l'avait toujours accompagnée... et moi aussi qui ne l'oublierai jamais?...

Un Joyeux Noël, Nathalie! Sois heureuse, enfin!

LA VRAIE MINEURE

Plus que sept jours avant Noël. Sept jours, Seigneur!... Sept jours à prier et à espérer que vous me donnerez quelques heures de répit et d'amour. Pas de l'amour fictif comme je suis tant habituée à recevoir. Non! De l'attention, des paroles tendres et surtout, surtout, Seigneur... pas de sexe!

Il y a un an, je pensais que ce serait simple de lâcher l'école... "Si t'es assez vieille pour quitter l'école, t'es assez vieille pour gagner ton pain toute seule". Voici ce que mes parents m'ont dit. Ouais, ça aurait été plus facile si mes parents ne m'avaient pas mis à la porte... mais là, je ne pouvais plus reculer. La seule chose que j'ai trouvée à faire, c'est de prendre le risque. En peu de temps, j'ai regretté ma crise d'orgueil... mais il était trop tard.

J'ai pris un billet d'autobus et je me suis rendue à Montréal. J'ai passé la nuit dans un parc à ne dormir que d'un oeil. Toute la nuit, Seigneur, j'ai frissonné de peur et je suis restée en alerte. Au petit matin, après avoir cherché un emploi et un logement, j'ai pris ma petite valise et je l'ai traînée jusqu'à la rue Saint-Denis. Mais là non plus je n'ai rien trouvé. Aucune place n'était vacante pour une mineure de quinze ans... jusqu'à ce que je m'engouffre, découragée, dans l'univers de la prostitution. Il y a déjà un an!

Mon Dieu, il y a déjà un an que j'espère recevoir un peu de votre attention. L'an passé, vous m'avez laissée faire un mauvais pas sans jamais intervenir pour me ramener dans le droit chemin. Maintenant, regardez ce que je suis devenue... une véritable prostituée. C'est le seul moyen que j'ai trouvé pour survivre.

Vous voyez ces cicatrices, Seigneur? Vous les voyez?... Elles sont là pour témoigner de tous les appels à l'aide que je vous ai envoyés. Mais vous m'avez refusée... Trois fois vous m'avez rejetée comme une brebis galeuse. Et maintenant, vous voulez que je croie en votre bonté et en votre miséricorde?!... Mais comment osez-vous?... Dans cinq minutes, Seigneur, je tenterai... pour la dernière fois... de me suicider. Cette fois, ne me l'interdisez pas. Si vous ne voulez pas de mon âme à vos côtés, laissez-moi au moins côtoyer Satan. L'enfer ne m'effraie pas. Ici, sur ce trottoir, il n'y a pas de place pour une mineure de quinze ans.

J'ai été chanceuse, Seigneur. J'ai été capable de refuser la drogue pendant toute l'année. Mais si vous ne venez pas me chercher au plus vite, je n'y résisterai plus. Je n'arriverai plus à coucher avec tous ces hommes en sachant ce que je fais... Je ne veux plus!!!

Je vous en prie, acceptez-moi auprès de vous. Je ne peux plus retourner vivre chez mes parents. Désormais, je suis une étrangère pour eux. Et de toute façon, une fois qu'on y est, il est impossible de sortir du milieu de la prostitution. J'ai honte de moi. Je suis seule, sans argent, sans amis. Personne ici ne sait que je suis si démunie devant Noël qui s'en vient. En fait, tout le monde s'en fout. Je n'ai confiance en personne, Seigneur. Je joue le jeu réservé aux filles majeures. Je couche avec n'importe qui et personne n'a de respect pour mon corps: j'ai perdu toute identité. Seigneur, je n'aurais jamais cru qu'un métier pouvait être aussi dégradant pour une personne!... Les hommes se servent de moi comme une enfant se sert de sa poupée, et encore!...

Seigneur, il ne me reste plus que vous et vous m'avez reniée trois fois. Cette fois-ci, que j'aille avec vous ou en enfer, je vous en prie, laissez-moi décider de ma vie. Et si vous me trouvez trop indigne de vous... permettez-moi au moins un peu d'amour sur cette terre. Si ma place est vraiment ici, comblez mes rêves.

Vous voyez cet argent? N'allez pas croire qu'il est tout à moi, non! Bientôt, mon "protecteur" viendra me l'arracher presque au complet. Seigneur, je me suis promis qu'il ne l'aurait pas cette fois. Il ne lui appartient pas. Je me suis sauvée pour ne pas lui donner. Ai-je péché, mon Dieu?... À l'heure actuelle, il doit déjà être en route pour me tuer. Voilà le sort que je subirai si je ne lui donne pas mes revenus, mais je ne veux pas lui laisser ce plaisir. Vous seul avez la possibilité de me détruire. Personne d'autre. Alors, Seigneur, ne laissez pas ce "protecteur" m'approcher. Détruisez-moi. Et quand je serai près de vous, Seigneur, je vous prierai d'aider toutes mes amies prostituées en leur donnant le courage de se relever. Ce courage, je ne l'ai pas mérité et il est trop tard pour moi. Mais pour elles, il ne sera jamais trop tard. Tout ce qu'elles veulent, c'est un peu d'espoir et d'amour.

Avant de partir, Seigneur, laissez-moi juste crier ce message à toutes mes amies présentes ou ex- prostituées: Cette année, à Noël, payez-vous un cadeau... Prenez soin de vous, et même si ce n'est qu'un faible murmure, dites-vous tout simplement comme la mère à son enfant ou comme le gamin à son chien: Je t'aime!... Et faites que ce Noël-ci donne l'exemple à tous vos autres Noëls afin que plus jamais vous ne ressentiez la solitude que je ressens. Pour moi, il est temps que j'aille rejoindre mon Créateur. Là, je serai enfin heureuse!...

Mon enfant, pourquoi voudrais-tu venir me rejoindre? Je suis là, tout près de toi à t'appuyer pour que tu dépasses cette épreuve, et toi tu ne t'en rends même pas compte! Jeune fille, je t'ai toujours aimée mais tu n'avais qu'une seule idée: dormir, dormir... Dormir pour l'éternité. Envers et contre tous. Ne crois pas que la mort est une solution à tes problèmes. Tu as modelé ta vie sur la misère. Crois-tu que tu sauras vivre ton paradis différemment?... Tu veux donner une leçon de courage aux autres jeunes comme toi qui, sans instruction, se sont dirigées vers la prostitution? La meilleure leçon que tu peux leur apporter, c'est de te relever et retrouver toi-même le droit chemin. Alors, peut-être qu'elles seront honteuses de leur comportement et se relèveront à ta suite. Il n'est jamais trop tard. Il suffit d'aimer et de ne pas chercher l'amour où il n'est pas: dans un miroir... Voilà.

Maintenant que je t'ai parlé avec une voix d'humain, relève-toi et reprends courage. Ton "protecteur" ne peut rien contre moi... tant que tu as foi en moi.

Dieu!... Dieu?... c'était bien toi? Mon Dieu, pardonne-moi! Je ne comprenais pas ton message. Tu étais si près de moi et moi, je refusais d'admettre ta présence. Maintenant, je choisis de vivre et de vivre sans prostitution. De vivre d'amour et de liberté, et d'accepter que la vie n'est pas toujours facile. Maintenant, je ne flancherai plus à chaque obstacle. J'en profiterai plutôt de mon mieux pour grandir un peu plus à chacun d'eux!...

Merci pour ton amour!

MUSICALEMENT IMPATIENT

Ça fait presque un mois qu'il voyage. Un mois qu'il entend répéter les mêmes demandes d'un même public... parfois un peu bizarre. Tout le reste de l'orchestre pense qu'il est malade ou qu'il va le devenir. Eh bien oui, il est malade... malade de solitude et de mélancolie.

Lui, habituellement rayonnant et blagueur, est devenu calme et pensif. Trop pensif. Il aurait tellement besoin d'une oreille à qui se confier, mais parmi ceux qui l'accompagnent en tournée, quelqu'un serait-il en mesure de comprendre?

En fait, Nick est le plus jeune, donc le moins expérimenté. Depuis un mois, les cinq musiciens sont en tournée pour faire cinq bars à raison d'une semaine de représentations dans chacun. Mais depuis quelques jours, Nick avec ses dix-sept ans se sent bien seul et bien loin. La semaine qui lui reste encore à jouer lui semble une éternité. Les autres musiciens ont l'habitude des tournées: ils ont en moyenne cinq ans d'expérience et ce n'est pas leur premier voyage ensemble.

Et pour Nick, en plus de vivre sa première absence prolongée de sa famille, c'est aussi le premier Noël qu'il passera loin des siens.

Au début, il était enthousiaste à l'idée de cette tournée. Imaginez: faire de la musique chaque jour, visiter du pays, rencontrer des gens nouveaux et, pour assaisonner le tout, être payé pour vivre sa passion au maximum!... Le seul inconvénient: être loin de sa famille à Noël. Mais tous les bons côtés de l'aventure avaient réussi à le persuader. Heureux d'acquérir un peu d'expérience et d'autonomie, il avait fait ses bagages.

- Tu veux qu'on parle, Nick?

Un de ses amis, le plus vieux du

groupe, vient de s'approcher. Ils sont alors en route pour leur dernier arrêt. Enfin!... Dans la vieille camionnette bourrée d'instruments, la place est plutôt mal choisie pour se confier, mais puisque quelqu'un lui offre de l'écouter, il ne va tout de même pas refuser.

- Gary, dit Nick faiblement, tu te sens pas seul à l'idée de passer Noël loin de ta famille?

- C'est donc ça qui te tracasse?

De tout son être Nick acquiesce.

- On est des solitaires, mon Nick. Quand on décide d'être musicien, on devient l'orchestre de tout le monde, mais le frère de personne. Et ça, ça veut dire qu'il faut s'habituer à avoir plusieurs familles, autrement dit, peut-être aucune. Moi aussi, je me suis ennuyé quand j'ai passé mon premier Noël loin de chez moi. Mais on a des images de rockers, Nick. Il faut être à la hauteur de notre réputation.

- Mais, Gary... on est sensible nous aussi.

- Ouais, mais on n'a pas le droit de le montrer. Tu vas tout comprendre ça, ce soir, quand on va chanter et jouer nos *tounes* à l'heure du réveillon.

- La salle va être vide. Tout le monde va être en famille en train de fêter.

- Ça, c'est toi qui le penses, mais fie-toi à mon expérience: la salle va être presque pleine. Pleine de gens seuls pour Noël. Ils sont tellement solitaires qu'ils viennent boire, même se saouler, pour ne pas penser à toute la peine qu'ils ont. Y en a de tous les âges, Nick. Des filles de quinze ans qui passent leur vie entre le trottoir et une chambre minable. Des hommes d'affaires qui ont tellement investi dans leur travail qu'ils en ont perdu leur femme et leur famille. Des espèces de soulons qui n'ont jamais rien fait d'autre dans la vie que boire pour noyer quelque chose... ou quelqu'un. Des gars de ton âge, mon Nick, qui viennent se chercher du plaisir parce qu'ils sont fatigués de se faire dire: "Bon succès dans tes études puis tes amours!..." alors qu'ils ont échoué leur dernier examen ou viennent de perdre leur blonde. Puis y aura même des belles filles, super intelligentes qui viendront se désennuyer parce qu'elles aussi seront loin de chez elles à Noël. Parce que leurs études ne leur permettront pas d'aller passer les Fêtes dans leur famille.

- Ouais, si c'est comme tu dis...

- Ben oui, mon Nick, et il va falloir que tu joues mieux que tu n'as jamais joué. Tout ce monde-là va avoir besoin de toi et de ta musique. Tu vas voir, tu vas être assez fier de leur donner un peu d'espoir que tu penseras même plus à tes petites misères!

Sur ces mots, la camionnette s'immobilise, Gary ouvre les portes arrière et Nick, réconforté, se faufile parmi les instruments pour les sortir. Au moment où il pose un pied sur la chaussée, il glisse sur un rond de glace et se retrouve le postérieur dans la neige. Tous les musiciens rient de bon coeur et Nick en fait autant. Ça le soulage de rire un peu. Il lui semble que ça fait une éternité qu'il ne l'a pas fait.

Puis aux coups de minuit alors que la salle est à son comble comme l'avait prédit Gary, Nick s'empare de sa guitare et du micro pour entonner une joyeuse chanson de Noël qu'il fredonnait chaque année dans sa famille.

Les gens jusqu'alors un peu tristes se lèvent et répètent à tue-tête: JOYEUX NOËL!...

Et pendant que Nick les fait rêver, les clients rient, se donnent la main et s'embrassent comme si, tout à coup, Dieu avait permis que tous ces gens se retrouvent au même niveau, les riches comme les pauvres, les plus vieux comme les plus jeunes. Les yeux pleins d'eau, Nick qui n'a jamais rien vu d'aussi beau se rappelle les paroles de Gary. Oui, il avait raison, pense Nick. Ça doit être ça la magie de Noël! Et avec un petit sourire, il se dit tout bas: dans le fond, nous sommes tous un peu semblables... des solitaires.

CHÈRE MAMAN

Chère maman,

Je t'envoie cette lettre par courrier rapide. D'après les prévisions, elle devrait t'arriver demain si elle n'est pas retardée comme moi par la tempête.

Je sais que tu attendais impatiemment mon retour. Je te l'avais promis. Mais maman, je ne peux rien faire contre le mauvais temps, ici, en Colombie Britannique où j'ai décidé d'étudier. Je demeure clouée à l'université avec, pour seuls compagnons, des Anglophones que j'ai du mal à comprendre et qui ne pensent qu'à s'enivrer.

Tous nos beaux projets, maman, je ne fais que les retarder. Aussitôt que les moyens de transport seront rétablis, je m'empresserai d'aller te retrouver. Mais la nuit de Noël, ne m'attends pas. Va à la messe de minuit sans moi et trouve un endroit pour réveillonner. Non, ne m'espère pas, car au plus tôt, je ne peux arriver que le 25 décembre.

Tu sais que je ne vis pas cette absence par plaisir. Je voulais tellement être auprès de toi pour la première naissance du Christ que nous allons célébrer sans papa!

Pourquoi fallait-il qu'il parte, maman? Depuis que je suis en Colombie, vous avez eu tant de projets de bonheur! Pourquoi est-il allé travailler à l'extérieur avant de les réaliser? Jure-moi, maman, que ce n'est pas mon départ à moi, sa fille unique qui l'a chassé... Je ne me le pardonnerais jamais, maman!... Noël ne sera plus jamais pareil sans lui.

Bon, je m'arrête, car réveiller de tels souvenirs n'apporte jamais rien de plus positif que la peine que nous avons déjà. Ce soir, maman, j'irai me promener à la belle étoile et je reviendrai à la pension pour terminer ma soirée au pied du foyer. Devant un splendide feu qui fera rayonner les ornements du sapin, je sentirai mon coeur tout désemparé. Et pendant tout ce temps, je penserai à toi et je prierai pour que cesse la neige et que je puisse te retrouver au plus tôt.

Présentement, la neige m'empêche de voir les collines qui sillonnent l'horizon. Mais c'est de toute beauté d'observer les milliers de flocons se poser sur la fenêtre: ils sont si majestueux dans leur petitesse!

Maman, il faut que je te raconte une légende répandue ici: c'est un peu l'histoire de notre pension. Il paraît que lors de sa construction, en plein été, un des travailleurs qui s'affairaient à flatter le ciment trouva un flocon de neige étincelant. Quand il le saisit dans ses doigts, le flocon ne fondit pas mais augmenta plutôt sans cesse de volume et recouvrit totalement le corps du pauvre employé perplexe. La légende prétend qu'un coup de vent aurait emporté avec lui cet énorme glaçon humain. Le lendemain, l'employé téléphona à son employeur en l'assurant qu'il allait bien et qu'il était chez lui avec sa famille à fêter son retour du chantier. L'homme habitait à l'autre bout du Canada. Il était Francophone et s'ennuyait beaucoup en Colombie Britannique où son employeur l'avait transféré.

Maman, je crois en cette légende et ce matin, en me levant, j'ai remarqué un flocon plus grand que tous les autres. J'ai pensé qu'il transportait papa. En fait, j'en suis persuadée. Alors, à tous les deux, je souhaite bien du bonheur en cette nuit de Noël! Puis demain, j'irai te rejoindre... et nous parlerons de lui.

Joyeux Noël, chère maman!...
Ton flocon adoré,
Debby. XX

POUR TOI, ANNIE

Que j'aurais donc dû agir alors qu'il en était encore temps!... Je savais que son roman d'amour s'effeuillerait avant même d'arriver aux fiançailles prévues pour le 25 décembre.

Eh oui, mais ma soeur était aveuglée par l'amour de ce si beau jeune homme.

Aujourd'hui, jour de Noël, ce sont plutôt des larmes qui l'aveuglent. Je n'ai jamais vu ma soeur avoir tant de peine. Elle, si douce, avec un si grand coeur! Oh! je l'avoue, nous sommes toutes les deux très différentes et nous ne sommes pas toujours d'accord mais... Si ce n'était de mon orgueil, je la prendrais dans mes bras et la bercerais tendrement en lui promettant mers et mondes pour la protéger du froid inhumain qui l'accable en ce temps des Fêtes.

Mais ce serait ridicule de ma part, car je sais très bien que multipliant les promesses, je n'en tiens pas la moitié.

Malgré toute cette peine et ce besoin d'en parler, ma soeur reste muette avec sa douleur. Pourtant, elle sait que je la comprendrais; j'ai moi-même vécu un amour déchirant. Notre âge n'a pas d'importance. Un amour trahi apporte toujours beaucoup de douleurs même si c'est différent pour chacun. Et je suis sûre que personne n'a pensé que ma soeur méritait cela. Il me semble que moi, j'aurais été davantage capable de me défendre, de me relever et de lutter: j'en avais vu d'autres. Il faut dire que j'ai souvent agi pour m'attirer des ennuis. C'est un petit côté déplorable de ma person-nalité, mais pas elle!...

En tout cas, je n'ose pas aller lui parler. Je sais qu'aussitôt que j'ouvrirai la bouche, toutes mes belles trouvailles s'envoleront et laisseront place à des sons muets qui n'arrangeront rien. J'ai une explication à tout cela: moi, je m'exprime beaucoup mieux sur papier. Ah bien, la voilà l'idée: je vais lui écrire!... Ensuite, elle viendra peut-être discuter de son problème avec moi.

Avant même de prendre ma plume, je me retrouve en face de sept belles pages écrites par ma soeur. Inutile de vous dire toute ma surprise! C'est ma soeur qui m'a écrit!... Je crois presque au Père Noël.

Je saisis les feuillets et les dévore. Son écriture a beaucoup plus de mérite que la mienne. Et pour la première fois de ma vie, je comprends pourquoi ma soeur parle si peu: elle n'en a pas besoin, elle écrit comme je l'ai toujours fait moi-même. Sauf que pour moi, l'écriture est ce qu'il y a de plus fort.

J'en avais tant lu d'auteurs avant elle. Des dizaines incomparablement doués, mais rarement je n'avais senti cette douleur, cette déchirure dans leurs textes. Ma soeur avait enfin compris ce que je lui avais fréquemment répété lorsqu'elle prétendait ne pas être capable d'écrire. Elle avait laissé couler son coeur, ses émotions, ses sentiments. Après ces quelques pages, elle a dû se sentir complètement vidée!

Et puisqu'elle me le permet, j'aimerais que vous la lisiez à votre tour. Que vous lisiez avec votre coeur en pensant qu'à cause de cette rupture, son Noël ne sera pas aussi beau que le vôtre.

Le temps des Fêtes, Noël, le Jour de l'An, les parties à n'en plus finir... je devrais être la fille la plus heureuse sur cette terre. Et pourtant...

J'ai tout pour être heureuse: une très bonne famille, un père et une mère qui m'aiment énormément, mon frère et sa petite famille qui viennent à Noël, un chez-moi où il fait très bon vivre. J'ai ce que je veux, quand je veux. J'ai de l'argent de côté, j'ai du beau linge et je ne suis pas trop laide et pas trop grosse. Quoi demander de mieux?...

Alors pourquoi ai-je le coeur aussi gros?...

C'est comme si je n'étais pas bien dans ma peau et pourtant!... La seule chose qui me manque vraiment me semble introuvable: une personne qui m'aimera et que je pourrai aimer, une personne à qui je pourrai communiquer mon surplus d'amour qui n'est pas de l'amour maternel, ni paternel, ni de l'amour-sexe. L'amour que tout le monde recherche et que l'on retrouve chez une personne de l'autre sexe "généralement" car je constate qu'il y a des exceptions.

Aimer quelqu'un, le gâter et le dorloter, être bien à ses côtés. Se voler quelques petits becs, rire aux larmes, s'amuser comme des enfants, bref, avoir du fun et être bien ensemble. Ça me manque beaucoup.

Quand on pense que Noël est la fête de l'amour et que quelques jours avant, je me retrouve sans amour, je n'ai que le goût de pleurer. Mais à quoi ça servirait?...Ça ne sert qu'à embêter les autres.

Alors je te dis ce que j'ai sur le coeur au moyen de ce bout de papier. Tout ce papier, comme un cinéma, voit défiler ma vie que je peux raconter en quelques mots seulement. Ma vie n'est que menteries... parce que l'orgueil me mange par en dedans.

Une fille comme moi ne doit pas admettre aux autres qu'elle souffre beaucoup. "Comment ça va?" "Ah ça va bien..." "Tu as du plaisir?" "Oui beaucoup!..." Tout ça n'est que menteries, un masque qui cache la vérité. La vérité, c'est que mon coeur est en mille morceaux et que je ne vois pas le jour de le rapiécer. J'ai beau essayer de me convaincre, de me dire que j'y crois, mais au fond, je n'ai même plus la force de lutter. Mais ça, jamais je ne l'admettrai!

Tout le monde me dit que c'est beaucoup mieux que ça soit arrivé comme ça, tout de suite, et je leur réponds: "Oui, c'est beaucoup mieux!..." avec le gros sourire. Mais mon intérieur ne le croit pas du tout et il a peine à endurer ce vide en moi.

J'essaie de me changer les idées, mais ça ne réussit pas tout le temps. Chaque jour, je souhaite combler ce trou noir avec la découverte d'un nouvel amour qui serait le bon cette fois.

La vie, c'est une roue qui tourne toujours et qui nous blesse à chaque tour.

Maintenant, vous connaissez un peu mieux ma soeur.

Vous vous dites que vous auriez pu en écrire autant?... Peut-être. Chose certaine pour elle, c'était le maximum que son coeur pouvait donner.

La magie dans ces événements, c'est que même si tout n'est pas encore parfait, le coeur de ma soeur s'est réparé. Et le plus beau, c'est elle-même qui a fait le miracle en retrouvant confiance en elle et en s'acceptant telle qu'elle est. En luttant. Pourquoi pas aussi en en parlant avec sa petite soeur?... Je me plais à le croire.

Peu à peu, elle a recommencé à sortir, mais bien entendu, elle demeure réticente.

Et comme dans tous les contes de fées, une nuit où elle dormira profondément, un Prince Charmant viendra la réveiller et alors son coeur sera à jamais réparé. Est-ce que cette mauvaise expérience finira par quitter ses pensées?... Chose certaine, à cause d'elle, ma soeur aura acquis davantage de maturité et plus jamais ses Noëls ne ressembleront à celui qu'elle vient de vivre. Aux yeux d'Annie -et aux miens- ils seront toujours tous plus beaux.

Bonne nuit, chère soeur. Je t'aime!

J'AI JETÉ L'ANCRE

Quand sa femme est partie encore une fois, mon ami a senti la mort l'envahir et le noyer. J'aurais voulu le consoler, mais personne ne pouvait éponger toute cette eau stagnante sans risquer de se noyer avec lui. Aujourd'hui, j'écris pour ce grand navire ballotté qu'il est et pour tous ceux qui ne savent pas où jeter leur ancre.

J'me sens comme un navire accosté au quai. Un bateau si bien ancré qu'on ne peut imaginer qu'il naviguera à nouveau.

Ma femme, celle que j'adorais et vénérais depuis dix ans, a fait ses bagages et s'est embarquée sur le bateau voisin, celui à qui je racontais tout, le seul qui méritait ma confiance... Elle est partie en me disant de refaire ma vie, de flotter à nouveau malgré la tempête, de tout oublier et de laisser au port tout ce qui me rattachait à elle.

J'ai bien un peu de volonté, un peu d'espoir... Espoir qu'elle sera à nouveau sur le quai quand je reviendrai, car ce n'est pas la première fois qu'elle me laisse tomber. À chaque retour, elle prétend que c'est sa dernière fugue, qu'elle ne fera plus d'autre croisière sans moi. Mais elle récidive et me laisse verser toujours davantage de larmes de désespoir qui ne font qu'ajouter à la marée.

Cette fois, j'ai bien l'intention de me laisser couler. D'aller finir mes jours là où elle ne risque plus de me mentir, de me trahir. Mais je ne peux pas car sur le premier pont, elle a laissé deux jeunes matelots qui ont besoin de leur capitaine.

Elle les accuse d'avoir brisé sa vie, comme si elle ne venait pas justement de gâcher la leur!

Deux adolescents en mal d'amour,

en mal d'une mère. Et moi qui leur demande de retenir ma coque au pont, d'entretenir ma cabine et de me chanter des airs gais pour me remonter le moral. Mais moi dans tout cela, qu'est-ce que je tente pour les soutenir?... Et pourtant je les aime, j'ai besoin de leur présence même si elle me rappelle le visage de ma femme peint sur le leur. Ils sont tout ce qui me reste... Je ne peux pas les laisser sur le pont pour noyer tous les souvenirs d'un passé inoubliable. Ils mourraient sans moi, la marée les emporterait et je ne les reverrais plus.

Pourtant, en partant elle m'avait promis: "Je ne te ferai pas de troubles". Et la voilà maintenant qui me réclame la moitié de mon navire alors qu'elle m'a déjà pris tous mes trésors de mer. La voilà maintenant qui me menace de m'enlever mes matelots... de me ruiner à nouveau...

Non, c'est décidé: je prends le

large, je kidnappe mes moussaillons et je lève les voiles. On verra bien la suite.

Aujourd'hui, 25 décembre, après sept mois d'aventures, je ne suis plus un navire en fuite après avoir accosté là où j'avais quitté le port. J'ai décidé de vivre à nouveau.

Mes matelots ont grandi, ils ont bien compris et lorsque leur mère est revenue pour qu'on la reprenne avec nous, ce n'est pas moi qui dut expliquer... ce sont eux qui ont refusé.

Il y a sept mois, ils étaient effrayés à l'idée de passer un Noël sans leur mère, mais maintenant ils ont bien compris et accepté la situation. Et lorsque je leur demande la raison du refus, ils n'ont qu'une seule réponse: "C'est le plus beau cadeau que nous pouvons te faire papa... Même si on aime beaucoup maman, elle t'a fait assez de mal comme ça!..."

Et c'est grâce à ce cadeau que, dorénavant, toute ma vie est une grande fête de Noël et que mes enfants, à mes yeux, sont la réincarnation du petit Jésus né pour me sauver.

NOËL SANS TACHE

La douche jetait avec rage son eau claire et pure. J'aurais tant voulu qu'elle puisse me purifier et me permettre d'être accepté par mon entourage. Mais non! Elle glissait sur ma peau comme elle l'aurait fait sur les pétales d'une rose sans épines.

Moi non plus, je n'en ai pas d'épines! Je me tue à le répéter, à essayer de le prouver, mais chaque fois que je prends la décision de rester moi-même, on me ridiculise, on m'abaisse comme si ma nature d'homme était trop vulnérable.

C'est vrai qu'il est difficile pour une famille d'accepter en son sein un homme... mi-masculin, mi-féminin. Oui, je suis homosexuel. Gai, comme on dit dans le milieu. Mais ils ne comprennent pas que c'est encore plus difficile pour un fils de se retrouver sans appui... sans l'amour de sa famille pour la simple raison qu'il a décidé de vivre sa réalité dans un bonheur qui dévie de la coutume et de la routine.

Je n'ai même pas le SIDA... Et c'est tellement faux de croire que tous les homosexuels en sont atteints! J'ai un bon poste dans une agence de publicité. J'ai un bel avenir et ils voudraient que je lâche tout ça et que je me trouve *une job* en tant que mécanicien ou menuisier, par exemple. Pour mon père, un vrai homme n'a pas peur de se salir les mains. Il croit que je suis homosexuel parce que ma mère m'amenait voir du ballet étant jeune. Parce que je n'ai jamais aimé assister à une joute de football avec lui... Pauvre papa, si seulement il savait!... S'il savait qu'il y a plus de Gais dans une équipe de football que dans une troupe de danse! Mais c'est trop pour lui: son esprit, comme celui de beaucoup de gens, est borné. Il ne veut rien comprendre, il ne peut accepter que son fils unique vive en couple avec un autre homme.

C'est le deuxième Noël où il m'empêche de réveillonner chez mes grands-parents. "Tes oncles et tes tantes ne sauront pas comment agir avec toi. En plus, ils ne savent pas que tu es homosexuel, et quand ils l'apprendront, ils te rejetteront." J'ai compris. C'est plutôt son propre orgueil qui en prendrait un coup si tout venait à se savoir. Mais j'en ai assez! Je ne veux plus continuer à me tapir dans mon coin alors que les autres s'amusent. J'ai quand même droit à ma parenté moi aussi! Je suis un être humain comme un autre... différent mais un être humain quand même!

Cette année papa, tu ne remporteras pas la victoire. Les gens apprendront ou non la vérité, moi j'ai envie d'aller visiter mes cousins et cousines. Pour le moment, ça va... Tu joues la comédie à toute la parenté, mais quand ils apprendront la vérité, qui, crois-tu, sera le plus surpris: toi ou moi?

Ma lutte en est une à finir. Pas juste pour moi mais pour tous ceux qui doivent vivre différemment. Ils ont droit au respect comme tout le monde. Et beaucoup plus que certains autres hommes déséquilibrés qui tuent leur femme ou leur enfant, qui violent des fillettes innocentes pour réaliser leurs fantasmes.

Je n'ai jamais été grossier mais je n'ai pas peur des mots, papa, des mots qui disent la pure vérité! Ces mots t'effraient, toi. Tu les camoufles et les maquilles pour sauver ton image, pour préserver ton supposé bonheur, mais tu ne sais pas tout le mal que ta mentalité "conservatrice" peut causer aux gens différents.

Alors papa, cette année, je passerai Noël à tes côtés avec toute la parenté afin que ton bon sens se ravive. Ainsi, en acceptant ma différence, tu donneras le bon exemple à tous ces autres pères de famille qui ont rejeté leur enfant pour, supposément, ne pas souiller leur image.

Dans le fond, en acceptant leurs enfants dans tout ce qu'ils sont, les pères ne méritent-ils pas plus de considération?

Quand comprendras-tu enfin que l'acceptation des autres nous grandit à nos propres yeux et aux yeux de la société?...

Ton fils, Michael.

LA LÉGENDE SAUVÉE

J'avais tout essayé pour inculquer à mes enfants l'esprit de Noël. Chaque année, le 24 décembre, je leur faisais poser un bas de laine sur la tablette du foyer et je leur demandais de faire une petite prière au Seigneur pour le remercier de nous avoir un jour envoyé son fils pour nous sauver.

Ma maison avait même été bâtie avec cette préoccupation. À sa construction, malgré que mon mari n'en voyait pas l'utilité, je lui avais demandé un foyer avec une belle grosse cheminée. "Mais pourquoi?..." Et chaque fois, je répondais: "Parce que si tu n'en fais pas, le Père Noël ne viendra pas."

À cette époque, nous n'avions pas encore d'enfant car nous voulions d'abord nous installer convenablement et nous assurer d'une épargne assez intéressante.

Lorsque tout fut en place, nous avons vite fait d'engendrer une belle petite fille aux yeux noisette, à la tête bouclée couleur or et au visage rondelet et souriant. C'était notre petite protégée.

Dès sa naissance, je lui ai transmis ma passion des Noëls et ma croyance aux lutins et au Père Noël. Bien sûr, elle ne comprenait pas vraiment, mais je persévérais sachant bien qu'un jour elle serait en mesure de les apprécier.

Deux ans après sa naissance, je me suis retrouvée à nouveau dans la salle d'accouchement: des jumeaux! Deux beaux petits garçons ressemblant étrangement à notre petit saint Jean-Baptiste.

Maintenant, Kim, Bart et Jory sont âgés de dix et huit ans. Avec tous mes efforts, mes trois enfants en sont venus à croire au Père Noël. J'en fus comblée. D'abord parce que moi, enfant, je n'ai jamais eu la chance de rêver à cette magie: ma mère, une femme très terre-à-terre, ne nous avait jamais permis d'y songer et encore moins d'y croire. Ainsi, ça m'a toujours manqué de pouvoir rêver à des êtres merveilleux comme les lutins et les fées.

Ce soir, 24 décembre, toute la famille est agenouillée au pied du foyer éteint et fait une petite prière à voix haute. La dernière à s'exprimer, c'est Kim.

"Seigneur, cette année, je veux voir le vrai Père Noël. Je suis fatiguée de faire rire de moi à l'école parce que je crois encore à lui à dix ans. Eh bien, s'il existe pour vrai, dites-lui de venir me voir!"

Ces paroles de Kim ont l'effet d'une bombe sur les jumeaux qui affirment vivre eux aussi le même problème que leur soeur. Je l'avoue, j'avais oublié que dans ces années d'abondance, les enfants ne croient plus aussi facilement au Père Noël. Tant pis, mon rêve aura duré au moins quelques années!

À 21 heures, je vais coucher les enfants et je compte avec eux les étoiles du ciel. Habituellement, cette tactique réussit à les endormir, mais ce soir Kim lutte contre le sommeil et réussit à tenir jusqu'à minuit. Tout à coup, alors que je m'étais endormie dans le fauteuil de leur chambre, j'entends Kim hurler... Ce n'est pas un hurlement de peur ou de douleur, c'est un hurlement de joie et de surprise. Ce cri réunit toute la famille à la fenêtre et, croyez-le ou non, nous apercevons tous dans le ciel, un chemin bordé d'étoiles qui laisse glisser un énorme traîneau en verre dirigé par le Père Noël. Sur le coup, mon mari et moi croyons rêver, mais cet événement nous semble bien réel.

Maintenant plus que jamais, je sais que pendant toutes ces années, j'avais raison... raison de croire que le Père Noël existe. Peut-être pas pour ceux qui ont assez d'argent pour acheter leurs propres cadeaux, mais pour tous ceux qui ont besoin de lui.

Et plus que jamais, je crois que le Père Noël ne fait rien tout à fait tout seul...

ANTOINE

À toutes les grands-mamans du monde... pour qu'elles ne se sentent plus jamais seules.

Surtout pour vous, mémère... en espérant que vous êtes fière de la petite fille que vous n'avez pas vue grandir.

25 décembre. Je viens à peine de me lever qu'il me semble déjà qu'il est l'heure de me recoucher. J'me demande comment j'ai réussi à traîner ma vieille carapace pendant soixante-quinze ans. Il y a si longtemps que je suis envahie par les rides que ça me fait tout drôle de me revoir sur les photographies de mon mariage avec mon cher Antoine. Avenant, travaillant, et par dessus le marché, beau comme un coeur.

J'me rappelle encore notre première rencontre comme si c'était hier. Nous avions rejoint notre destin en nous bousculant un peu au marché du village. Moi, à cet âge, je n'avais droit de sortir de la maison qu'à l'occasion du marché. Antoine, lui, semblait habitué à la foule. C'était un avant-gardiste, ce fameux Antoine! Dès le début, j'ai plongé dans la noirceur de ses yeux et tout de suite j'ai su qu'il serait celui que je chérirais jusqu'à ma mort.

Quand je raconte cette histoire à mes petits enfants, ils me disent démodée et radoteuse. Pas devant moi, bien sûr, mais je le vois bien dans leurs yeux. C'est vrai que c'est le seul vieux souvenir que je suis capable de racon-ter avec exactitude. Tout le reste s'est envolé mais notre rencontre, Antoine et moi, elle est restée toute fraîche dans ma mémoire. Mon beau Antoine!... Il m'a mis un anneau au doigt quand j'avais seize ans, puis il m'a engrossée vingt fois. Malheu-reusement, trois enfants sont morts sur le lot. Des fois, j'me demande si ce n'était pas un mal pour un bien: j'ne vois pas vingt enfants dans la petite maison où on habitait. Quand même, vous imaginez-vous ça, dix-sept petits dans la maison?... Antoine, lui, n'avait pas l'air de s'en rendre compte que c'était pas toujours rose d'élever une aussi grosse famille. Par contre, il travaillait fort à la mine et rapportait toutes ses payes pour faire vivre cette tapée d'enfants.

Quand les médecins ont envoyé Antoine à l'hôpital, je savais bien qu'il ne reviendrait jamais. Ils ont eu beau me répéter mille et une fois que mon Antoine n'était plus capable de tenir maison à mes côtés, moi je savais que s'ils lui enlevaient sa demeure, il se laisserait mourir. Je le connaissais mon Antoine. En fin de compte, je n'ai jamais su ce qui lui était arrivé. Les enfants m'ont tout de suite forcée à laisser la maison que j'entretenais depuis déjà cinquante ans et m'ont conduite dans un Centre d'Accueil pour personnes âgées. Je n'ai pas eu un mot à dire là-dessus.

Finalement, ça fait neuf ans que je mange du bouilli pas cuit et des biscuits secs. J'n'ai pas réussi à m'habituer à cette nourriture si différente de celle que je cuisinais moi-même. Et puis, j'ai eu beau me le cacher: si mes enfants m'ont amenée dans ce Centre, c'était justement pour ne plus avoir à s'occuper de moi. Il y a dix ans, cette réalité m'aurait tuée, mais à soixante-quinze ans, cela m'importe moins. Désormais, je me réjouis de leur unique visite par année... à Noël. Mais...

Mais je ne sais pas si c'est à cause de la tempête, mais cette année, personne n'est venu. Je les attends depuis hier soir. Peut-être m'ont-ils oubliée?...

- Dites donc, garde, on est bien le 25 décembre, n'est-ce pas?

La garde m'a répondu, oui. Qu'est-ce qui leur prend de ne pas venir me voir? Dire que j'avais pensé leur faire plaisir cette année: j'avais décidé de ne pas chiâler et de sourire. Puis de faire semblant d'être contente. C'est vrai que je suis heureuse de les voir, mais c'est pas bon de trop montrer sa joie à ses enfants. Après ça, ils pensent qu'ils peuvent jouer avec vos sentiments autant qu'ils le veulent.

Ouais... qu'est-ce qui leur prend donc cette année? Peut-être qu'ils sentent que c'est le dernier Noël que j'vais passer avec eux autres?... Peut-être qu'ils veulent garder une plus belle image de leur mère?... J'me demande bien si j'vais être encore là l'an prochain? Peut-être bien que oui, peut-être bien que non. Il me semble que c'est encore jeune, soixante-quinze ans. En tout cas, j'veux pas mourir sans savoir ce qui est arrivé à mon Antoine. Si j'apprends qu'il est encore en vie, j'vais lutter contre ma vieillesse, mais s'ils m'assurent qu'il est décédé, j'vais prendre mes jambes à mon cou pour aller le rejoindre, mon Antoine!

Oups! j'm'étais endormie. Peut-être qu'ils sont venus me voir pendant que je dormais? Mais non, voyons!... Vu que l'heure de fermeture arrive, j'vas aller à la chapelle pour prier le bon Dieu, et surtout pour ne pas me laisser submerger par les larmes.

Y a pas beaucoup de monde dans la chapelle. J'pense que j'vas aller installer ma chaise roulante à côté de celle du vieux monsieur en avant.

- Excusez-moi, monsieur.

Ça, c'est bien moi. J'ai tellement de mal à percevoir les distances que je suis entrée en collision avec sa chaise. Pauvre vieux, j'espère qu'il n'est pas fâché!... Non, il ne se retourne même pas pour me regarder. Puis moi qui se fend en quatre pour faire des excuses!

Il est bizarre, c't'homme-là!... J'ose pas avancer ma chaise à la hauteur de la sienne. J'pense que j'vas rester en arrière de lui parce que j'risque de briser son cercle de solitude. Peut-être qu'il n'aime pas la foule. Mon Antoine, lui, il aimait ça. J'sais pas s'il a ben changé en dix ans.

Tiens, le vieux va se revirer. J'ai hâte de voir ce qu'il a l'air de face ce vieux pourri-là.

- Antoine???... Antoine, c'est bien toi, hein!...

- Constantine!... ma fleur du marché printanier, qu'est-ce que tu fais ici?

- Mon Antoine!...

J'arrive plus à parler. Mon Antoine dans la même chapelle que moi! Dire que je l'ai traité de vieux pourri. Mon Antoine, je l'aurais reconnu parmi dix mille. Ses beaux yeux brillent encore comme avant. Mon Antoine!... Dire que l'on a toujours vécu dans la même bâtisse pendant neuf ans sans que l'un de nous le sache. Pourquoi est-ce qu'on n'a jamais été averti?

Antoine dit que c'est parce que le bon Dieu a voulu tester notre amour. J'sais pas si le bon Dieu peut être assez méchant pour séparer des êtres qui s'aiment. En tout cas...

Mais... mais qu'est-ce qui arrive???... Pourquoi que les fenêtres de la chapelle s'ouvrent comme ça? Il fait froid puis la neige entre dans la place. Une chance que j'ai mon Antoine près de moi!

C'est pas croyable! Aye, j'vas en avoir des choses à raconter à mes petits enfants! Y a trois anges qui viennent d'entrer dans la chapelle. J'ai jamais vu ça. Ils chantent quelque chose.

- Penses-tu qu'on rêve, ma Constantine?

- J'pense pas Antoine. Ça doit être des messagers de l'amour. Tu t'rappelles-tu, au marché, quand on s'était accroché, on en avait vu des pareils? On pensait qu'on avait rêvé. Mais là, mon Antoine, j'pense qu'on rêve pas.

Les anges se sont dissipés comme ils étaient apparus, puis on s'est senti comme à notre mariage, mes enfants... Vous croyez pas votre grand-mère hein?...

Bien sûr, le 26 décembre quand j'ai eu fini de leur raconter notre deuxième rencontre, Antoine et moi, mes p'tits enfants ne m'ont pas crue... Ça fait que j'ai encore eu l'air d'une radoteuse. Mais là, c'était pas pareil. Mon Antoine était là, puis lui, il savait que je disais vrai!

TOURNER LA PAGE

"Je suis une écrivaine". Quatre petits mots qui m'ont remplie de fierté mais qui m'ont fait aussi beaucoup souffrir. Être écrivaine, c'est se balader avec un crayon alors que les autres s'amusent avec un ballon, c'est parler de livres au lieu de loisirs, échouer des examens pour mieux plonger dans une carrière. C'est aussi perdre des amis, peut-être même une famille et des amours pour laisser plus de place à un public, des journalistes. Une caméra. Mais c'est aussi vivre de ce que l'on aime par dessus tout. À quarante ans, que seront mes jours devenus?...

Ma douillette pèse sur mon corps comme pour me faire regretter de n'avoir jamais eu d'homme à mes côtés dans le lit. Chaque soir, c'est la même routine: douche rapide, relaxation, lecture jusqu'à ce que le sommeil me gagne. Mais cette nuit, c'est différent. C'est Noël et ma solitude ne m'a jamais parue aussi difficile à supporter. Malgré mes quarante ans, je n'ai jamais ressenti tellement le besoin d'avoir des enfants.

Pour moi, ces chérubins qui semblent sages pour les admirateurs d'enfants ne sont rien d'autres que des petits anges cornus toujours prêts à inventer de nouveaux dérangements pour qu'on s'occupe d'eux. Et s'occuper d'enfants est un passe-temps qui ne m'a jamais intéressée. Je considère que je perds déjà assez de temps à m'occuper de moi-même et de mon écriture qu'il m'est presque impossible d'imaginer une vie de famille. Les gens ont beau dire et faire, ils n'arriveront pas à me convaincre de changer d'idée.

De toute façon, je ne connais rien à la vie de couple. Depuis mon adolescence, je n'ai eu qu'un seul copain sérieux. Rien n'arrivait à me décider.

Plus tard, les gens se sont moqués de moi en m'appelant la vieille fille endurcie. Mais cela n'a pas suffi à faire changer ma situation. En fait, rien n'a évolué, sauf qu'aujourd'hui, après avoir vieilli, les gens se cachent derrière un masque d'hypocrisie. Et plutôt que de m'appeler la vieille fille, ils me présentent à leurs amis comme celle qui n'a jamais trouvé chaussure à son pied. Je comprends leur arrière-pensée. S'ils le pouvaient, ils crieraient sur tous les toits que personne n'a voulu de moi, que personne n'accepte de marier une écrivaine. Mais c'est étrange comme les temps ont changé. Aujourd'hui, les jeunes écrivaines sont courues par tous les hommes qui rêvent de se faire vivre par leur femme. Ils croient ainsi trouver une femme riche et célèbre. Mais s'ils savaient seulement le salaire de crève-la-faim dont se contentent ces pauvres fleurettes qui manquent d'eau!...

Oh! il y a bien eu Jean-Yves... Il était plutôt beau bonhomme. Vu qu'il avait de l'argent plus qu'il n'en souhaitait, ce n'était donc pas mon humble avoir qui l'intéressait. Mais malgré tout, lorsqu'il me le proposa, je refusai d'entretenir une relation stable avec lui. Jean-Yves était divorcé et père de cinq enfants. Alors, à quoi bon m'accrocher à cet amour qui aurait toujours eu le coeur en ballant entre deux îles: une, déserte, et l'autre avec cinq habitants?

Et puis, j'avais peur. Peur pour lui et peur pour moi. Je vivais des *petites* réalités dont il ne se doutait même pas. Quand on connaît mon vrai caractère, on est au courant de mes sautes d'humeur fréquentes et imprévues. Surtout quand j'écris. Alors là, que personne ne vienne me déranger! Je m'enferme dans un cocon bien chaud et intime et je laisse pleurer l'encre de mes sentiments sur le papier. Jean-Yves ne connaît pas mon scénario. Je suis persuadée qu'il n'aurait pas compris cette solitude, comme tout le reste de ma famille d'ailleurs. Il m'aurait crue malheureuse toute seule dans ma chambre à écrire pendant des journées entières. Et pour me plaire, il se serait fait un devoir de partager avec moi des propos qui m'auraient dérangée plus que n'importe quoi d'autre.

Alors Jean-Yves, c'est du passé. Mais ce soir, son absence me crève le coeur. J'aurais tant besoin de ses bras autour de mes épaules, de ses mains qui me caresseraient tendrement la nuque! De son coeur qui m'offrirait un boîtier coquet et féminin contenant des alliances!...

Ce soir, je dirais oui. Oui à la vie, oui à l'amour et oui au destin. Je laisserais la flamme me brûler les entrailles quitte à en souffrir.

Ce soir, après l'avoir tant démystifiée, la solitude m'effraie tout-à-coup.

J'ai peur que le soleil ne se lève plus jamais. J'ai peur de rester dans le noir toute l'éternité. Je crains le sommeil comme si ce soir allait être le dernier. Contrairement à mes habitudes, toute cette bataille de sentiments effrayants ne m'inspire plus. J'ai besoin d'amour, d'attention... et non d'un crayon!

Comme un enfant, ce soir, j'ai envie d'un jouet pour Noël. Pas un jouet acheté par moi-même pour faire semblant qu'il m'est offert par un Prince Charmant. Non. Un cadeau donné avec tout l'amour dont je suis privée. Avec toute l'attention qu'aucun amant ne vient m'offrir.

J'ai tout misé sur mon écriture: mes amis, pour ce qui en restait... en autant que j'en ai déjà eus; ma famille, ma maison et même mon pays... Je me suis lancée tête première en sachant que je sortirais gagnante. Monétairement et au travail, mon plan était tellement bien détaillé qu'il s'est réalisé. Mais côté amour... Côté amour... rien. Rien d'autre que de minables échecs.

Mais en y pensant mieux à ce Noël, je me rends bien compte que ma vie n'est pas finie, que Jean-Yves est toujours là, que mon pays n'est pas détruit... et que ma carrière ne s'arrêtera pas ici.

Je reconnais même avoir dormi du sommeil d'une écrivaine rempli de beaux rêves prêts à se réaliser. Ces rêves, je les ai célébrés le lendemain avec Jean-Yves, le surlendemain avec ma famille dans mon pays, et je les ai surtout célébrés dans toute ma vie avec tout ce que j'étais en tant que femme...

TABLE DES MATIÈRES

LES AUTRES TITRES
AUX ÉDITIONS DE LA PAIX

125, Lussier
Saint-Alphonse-de-Granby
(Québec) J0E 2A0
Téléphone: (514) 375-4765
Télécopieur: le même

Daniel Bédard, *Le Froid au Coeur*
(Prix Marie-Claire-Daveluy)

Hélène Desgranges, *Le Rideau de sa Vie*

Serge Godin, *Le Parfum de la Douleur*

Gilles-André Pelletier, Les Nomades :
    I.   *Le Grand Départ*
    II. *L'Entremurs*
    III. *La Forêt*
    IV. *La Traversée*

Jean-Paul Tessier, une trilogie :
FRANÇOIS le rêve suicidé
FRANCIS l'âme prisonnière
MICHEL le grand-père et
l'enfant

François Trépanier,
Je Construis mon Violon

Yves Vaillancourt,
Un Certain Été

Achevé d'imprimer en octobre 1990
par les travailleurs et les travailleuses de
l'Imprimerie ADV, inc., Montréal,
Québec.

Conception graphique et édition
électronique :
Banzaï! Communications, inc.